LA
MINUTE

LA CUISINE MINUTE

Gründ

TABLE

Soupes et entrées	6
Plats principaux	24
Légumes et salades	50
Petits plats	64
Desserts	78
Index	94

Texte anglais de Michele Berriedale Johnson
Adaptation française
de Christine Colinet

© Octopus Books Ltd, 1re édition 1980
et pour la traduction française :
© 1981 Gründ, Paris
Pour la présente édition :
© 1989 Gründ, Paris

ISBN : 2-7000-6162-4

Dépôt légal : février 1989
Photocomposition : P.F.C., Dole
Imprimé par Mandarin Offset,
Hong Kong

INTRODUCTION

Ce livre est spécialement conçu pour ceux et celles qui disposent de peu de temps, mais pour qui la cuisine reste un plaisir. C'est pourquoi aucune recette de ce livre ne demande plus de 45 minutes de préparation et de cuisson ; et beaucoup encore moins.

Ces recettes sont conçues pour toutes les occasions et tous les budgets : depuis la grande réception jusqu'au petit en-cas.

Pour réduire au maximum la préparation, elles sont conçues à base de produits tout prêts, de conserves ou de surgelés. Vous n'êtes pas obligée de suivre ces indications à la lettre, et vous pouvez utiliser des légumes frais à la place des légumes en conserve, si vous avez le temps. Mais assurez-vous que les ingrédients que vous utilisez sont de bonne qualité, afin qu'une fois prêt, le plat n'ait pas un goût de carton.

Vous étonnerez vos amis en préparant ainsi très vite de bons petits plats.

NOTES

Toutes les cuillères sont rases.

Utilisez, dans la mesure du possible, des herbes fraîches. Si vous n'en avez pas, remplacez-les par un bouquet garni ou bien par des herbes séchées (en divisant la quantité par deux).

Quand une recette indique du poivre, utilisez du poivre noir fraîchement moulu.

Si vous n'avez pas de levure de boulanger, utilisez de la levure en poudre en divisant les quantités par deux.

Le four doit toujours être préchauffé.

Garantie de l'éditeur

Pour vous parvenir à son plus juste prix, cet ouvrage a fait l'objet d'un gros tirage. Malgré tous les soins apportés à sa fabrication, il est malheureusement possible qu'il comporte un défaut d'impression ou de façonnage. Dans ce cas, ce livre vous sera échangé sans frais.

Veuillez à cet effet le rapporter au libraire qui vous l'a vendu ou nous écrire à l'adresse ci-dessous en nous précisant la nature du défaut constaté. Dans l'un ou l'autre cas, il sera immédiatement fait droit à votre réclamation.

Librairie Gründ - 60 rue Mazarine - 75006 Paris

SOUPES ET ENTRÉES

Consommé aux épinards

1 boîte de velouté au
*   cerfeuil*
eau pour délayer
400 g d'épinards
*   hachés*
20 cl de vin blanc
*   sec*
poivre

Préparez le velouté, comme indiqué sur la boîte, ajoutez les épinards, le vin blanc et portez doucement à ébullition.

    Poivrez juste avant de servir.

Pour 4 à 6 personnes

Potage américain

1 boîte de crème de
   poulet
eau pour délayer
50 g de cacahuètes
   salées hachées fin
15 cl de crème
   fraîche
12 cl de vin blanc
   sec

Préparez la crème de poulet dans une
casserole, ajoutez les cacahuètes et faites
chauffer doucement. Ne laissez pas
bouillir.

Quand le potage est chaud, ajoutez la
crème et le vin blanc, laissez chauffer
encore 2 minutes. Accompagnez de pain
grillé.

Pour 4 personnes

Velouté au jambon

1 paquet de soupe
    aux pois verts
60 cl de lait
45 cl d'eau
125 g de jambon de
    Paris coupé fin
50 g de petits pois
    congelés
15 cl de yaourt
    nature
poivre

Mettez le contenu du sachet dans une casserole et ajoutez-y peu à peu le lait et l'eau. Portez doucement à ébullition sans cesser de tourner, puis ajoutez le jambon et les petits pois. Couvrez et laissez mijoter 20 minutes, en remuant souvent.

Juste avant de servir, ajoutez le yaourt et poivrez. Servez chaud avec des croûtons.

Pour 4 à 6 personnes

Crème aux carottes

2 boîtes de 400 g de
    carottes
2 oignons hachés fin
50 g de beurre
50 g de mie de pain
60 cl de lait
sel et poivre
persil haché pour
    décorer

Mettez les carottes et leur jus, les oignons, le beurre et la mie de pain dans une casserole. Ajoutez le lait et portez à ébullition. Couvrez et laissez mijoter 5 minutes.

Passez le tout au mixeur électrique jusqu'à ce que le mélange soit bien homogène. Salez et poivrez.

Réchauffez doucement avant de servir et décorez avec le persil.

Pour 4 à 6 personnes

Soupe glacée à la tomate

2 boîtes de 400 g de
    tomates
2 gousses d'ail
    écrasées
le jus de 1 citron
1 cuillère à soupe de
    sauce Worcester
40 cl de yaourt
    nature
sel et poivre

Passez au mixeur les tomates avec leur jus, l'ail, le jus de citron et la sauce Worcester, jusqu'à ce que le mélange soit bien homogène.

Incorporez le yaourt, salez et poivrez. Mettez à glacer au moins 4 heures.

Pour 4 à 6 personnes

Soupe à l'oignon et au céleri

1 boîte (500 g) de
  cœurs de céleri
1 boîte (400 g) de
  haricots rouges
1 boîte (400 g) de
  soupe à l'oignon
30 cl d'eau
15 cl de vin blanc
  sec
sel et poivre
fromage râpé pour
  servir

Égouttez et coupez fin les cœurs de céleri, en mettant de côté le jus. Égouttez les haricots.

Mettez la soupe à l'oignon, les cœurs de céleri et leur jus, les haricots, l'eau et le vin blanc dans une casserole. Faites chauffer doucement, jusqu'à ébullition, salez et poivrez.

Répartissez dans des bols individuels et saupoudrez de fromage râpé.

Pour 4 à 6 personnes

Vichyssoise

50 g de beurre
3 petits poireaux
  coupés fin
1 boîte (500 g) de
  pommes de terre,
  égouttées et
  coupées en dés
60 cl de lait
25 cl de crème
  fraîche
sel et poivre
3 cuillères à soupe
  de ciboulette
  hachée

Faites fondre le beurre dans une casserole et faites-y revenir doucement les poireaux 15 minutes.

Passez les poireaux, les pommes de terre et le lait au mixeur. Incorporez la crème, salez et poivrez. Ajoutez 2 cuillères à soupe de ciboulette et mettez 1 heure au réfrigérateur.

Saupoudrez avec le reste de ciboulette avant de servir.

Pour 4 personnes

Soupe glacée au concombre

1 gros concombre
sel et poivre
30 cl de yaourt
  nature
6 cuillères à soupe
  de jus de citron
25 cl de crème
  fraîche
2 cuillères à soupe
  de ciboulette
  hachée
125 g de crevettes
  décortiquées

Râpez le concombre, non pelé, dans une jatte et saupoudrez-le très légèrement de sel. Laissez-le ainsi 15 minutes.

Mélangez le yaourt, le jus de citron et la crème, puis ajoutez-les au concombre. Ajoutez la ciboulette, les crevettes, salez et poivrez.

Mettez à glacer 1 heure avant de servir.

Pour 4 personnes

Croûtes aux champignons

50 g de beurre
1 petit oignon haché
    fin
le jus de 1 citron
250 g de petits
    champignons de
    Paris coupés en
    lamelles
35 cl de crème
    fraîche
4 cuillères à café de
    maïzena
1 cuillère à café de
    curry
sel et poivre
4 tranches de pain
    de mie grillées
persil haché pour
    décorer

Faites fondre le beurre dans une poêle et faites-y revenir doucement l'oignon. Ajoutez le jus de citron et les champignons, laissez cuire encore 5 minutes.

Ajoutez la crème, laissez cuire 2 minutes, tout en tournant ; puis incorporez la maïzena délayée avec un peu d'eau, et tournez jusqu'à ce que la sauce épaississe. Ajoutez le curry, salez et poivrez.

Répartissez le mélange sur les tranches de pain chaudes, décorez avec le persil et servez aussitôt.

Pour 4 personnes

Tomates au four

40 g de beurre
1 petit oignon haché
50 g de chapelure
100 g d'œufs de
   cabillaud fumés
le zeste râpé de 1/2
   citron
sel et poivre
1 pincée de piment
   de Cayenne
4 grosses tomates
   coupées en deux,
   épépinées et
   égouttées
2-3 cuillères à soupe
   de vin blanc sec
olives noires pour
   décorer

Faites fondre la moitié du beurre dans une poêle et laissez-y revenir doucement l'oignon. Faites dorer la chapelure et mettez de côté 4 cuillères à café de ce mélange.

Émiettez les œufs de poisson et incorporez-les au mélange dans la poêle avec le zeste de citron. Salez, poivrez et ajoutez le piment de Cayenne.

Répartissez ce mélange dans les moitiés de tomate, puis versez dessus le vin. Saupoudrez avec le reste de chapelure mis de côté et parsemez de petits morceaux de beurre.

Faites cuire 15 à 20 minutes dans un four moyen (180°). Décorez avec les olives et servez chaud.

Pour 4 personnes

Salade de champignons

125 g d'Emmenthal
250 g de
champignons de
Paris, lavés et
émincés
25 cl de crème
fraîche
le jus de 2 citrons
sel et poivre
persil haché pour
décorer

Émincez le fromage en fines lamelles et mélangez celles-ci avec les champignons et la crème.

Ajoutez le jus de citron, salez, poivrez et mélangez bien.

Disposez le tout dans un saladier et décorez avec le persil.

Pour 4 personnes

Ramequins aux épinards

250 g de petits
suisses
125 g d'épinards
hachés,
décongelés
quelques gouttes de
sauce Tabasco
le jus de 1/2 citron
1 pincée de muscade
sel et poivre
4 rondelles de citron

Battez les petits suisses pour obtenir une crème lisse. Égouttez soigneusement les épinards, puis incorporez-les peu à peu à cette crème.

Ajoutez le Tabasco, le jus de citron, la noix de muscade, salez et poivrez. Fouettez jusqu'à ce que le mélange soit homogène. Répartissez-le dans des ramequins et mettez à glacer.

Pour servir, décorez chaque ramequin avec une rondelle de citron.

Pour 4 personnes

NOTE : vous pouvez aussi utiliser des épinards frais ou en boîte.

Oeufs farcis

4 œufs durs
1 boîte de sardines à
l'huile (120 g)
1 cuillère à soupe de
chapelure
2 cuillères à soupe
de mayonnaise
1 cuillère à soupe de
jus de citron
sel et poivre
persil haché pour
décorer

Coupez les œufs en deux dans le sens de la longueur et retirez les jaunes. Égouttez les sardines, puis écrasez-les.

Écrasez les jaunes et mélangez-les avec les sardines, la chapelure, la mayonnaise et le jus de citron. Salez, poivrez, puis répartissez le mélange dans les blancs.

Décorez avec le persil.

Pour 4 personnes.

Pâté au poulet et aux noix

175 g de saucisse de
  foie d'Alsace
1 gousse d'ail
  écrasée
3 cuillères à soupe
  de vin blanc sec
125 g de poulet cuit
  haché
50 g de noix hachées
  grossièrement
poivre
persil pour décorer

Mélangez la saucisse de foie avec l'ail et le vin, pour obtenir un mélange homogène.

Ajoutez le poulet, les noix, et poivrez. Répartissez le mélange dans des ramequins individuels et décorez avec le persil.

Accompagnez de pain de campagne.

Pour 4 personnes

Pâté de poisson fumé

200 g de beurre
1 cuillère à café de
  raifort râpé
250 g de filets de
  harengs fumés
  (ou de
  maquereaux)
le jus de 1 citron
1 pincée de piment
  de Cayenne
sel et poivre
rondelles de citron
  pour décorer

Travaillez le beurre et le raifort pour obtenir une crème. Ôtez la peau des filets, émiettez-les et ajoutez-les au beurre. Mélangez bien. Ajoutez le jus de citron, le Cayenne, salez et poivrez.

Disposez ce mélange dans une petite terrine et décorez avec des rondelles de citron. Servez avec des toasts chauds.

Pour 4 personnes

Salade de cœurs d'artichauts

2 boîtes de 400 g de cœurs d'artichauts
4 cuillères à soupe de vinaigrette
50 g de lard maigre

Passez les cœurs d'artichauts dans la vinaigrette et disposez-les sur un plat.

Coupez le lard en lanières fines et faites-les revenir à feu doux dans une poêle, sans matière grasse. Elles doivent être dorées.

Répartissez le lard sur la salade et servez aussitôt.

Pour 4 personnes

18

Avocats aux poires

2 avocats
2 cuillères à soupe
    de jus de citron
6 grosses olives
    noires
    dénoyautées
1,5 cuillère à soupe
    de mayonnaise
1 boîte (200 g) de
    poires, égouttées,
    coupées en dés
sel et poivre

Coupez les avocats en deux, ôtez le noyau et versez sur chaque moitié un peu de jus de citron pour qu'elle ne noircisse pas.

Coupez les olives en deux, mettez de côté 4 moitiés pour décorer et hachez fin le reste. Mélangez dans une jatte la mayonnaise avec le jus de citron. Ajoutez les poires, les olives, salez et poivrez.

Répartissez ce mélange au centre des avocats et décorez avec les moitiés d'olives.

Pour 4 personnes

Salade de melon

1 melon de taille
moyenne
1 boîte (50 g) de
filets d'anchois
le jus de 1 citron
le jus de 1 orange
feuilles de cresson
pour décorer

Coupez le melon en deux et ôtez les graines. Retirez la chair en lui donnant la forme de boules ou de cubes.

Égouttez les filets d'anchois et gardez 1 cuillère à soupe d'huile. Coupez-les en fines lanières et ajoutez-les au melon.

Mélangez le jus de citron, le jus d'orange et l'huile mise de côté, puis nappez-en le melon. Mettez à glacer et décorer avec le cresson avant de servir.

Pour 4 personnes

Oeufs mimosa

4 œufs durs
1 boîte d'œufs de
   lump
6-8 cuillères à soupe
   de mayonnaise
1 petite laitue pour
   décorer

Coupez les œufs en deux dans le sens de la longueur, ôtez le jaune et disposez les blancs sur le plat de service. Répartissez les œufs de lump dans le creux des blancs d'œufs.

Écrasez les jaunes à la fourchette, mettez-en une cuillère à soupe de côté et répartissez le reste sur les œufs de lump.

Recouvrez le tout de mayonnaise. Décorez avec le jaune restant et les feuilles de laitue.

Pour 4 personnes

VARIATION : remplacez les œufs de lump par des œufs de cabillaud fumés (125 g), 150 g de yaourt nature et le jus de 1 citron. Mélangez tous ces ingrédients, salez, poivrez et garnissez-en les œufs.

Concombre farci

*1 gros concombre
coupé en 8
morceaux
75 g de petits suisses
2 cuillères à soupe
de jus de citron
125 g de crevettes
1 boîte (90 g) de
poivrons rouges
égouttés et hachés
8 feuilles de menthe
hachées
sel et poivre
paprika*

Évidez le centre de chaque morceau de concombre et posez-les verticalement sur le plat de service.

Mélangez les petits suisses et le jus de citron. Mettez de côté 8 crevettes pour décorer. Ajoutez le restant aux petits suisses ainsi que les poivrons et la menthe. Salez, poivrez, ajoutez le paprika et mélangez bien.

Répartissez cette farce entre les morceaux de concombre et décorez avec les crevettes.

Pour 4 personnes

Asperges gratinées

*4 tranches de pain
de campagne
grillées et
beurrées
1 boîte (340 g)
d'asperges
égouttées
50 g de gruyère râpé
poivre*

Disposez les tranches de pain dans un plat à four creux. Répartissez dessus les asperges et saupoudrez-les de gruyère.

Passez 4 minutes sous le gril, jusqu'à ce que le fromage soit fondu et légèrement doré. Poivrez et servez aussitôt.

Pour 4 personnes

LES PLATS PRINCIPAUX

Côtes de porc
à la sauce moutarde

25 g de beurre
1 oignon émincé
1 cuillère à soupe de
*   farine*
sel et poivre
4 côtes de porc
12 cl de madère
20 cl de bouillon de
*   poule*
1 cuillère à soupe de
*   moutarde forte*

Faites fondre le beurre dans une cocotte et faites revenir l'oignon. Otez-le avec une écumoire et mettez-le de côté.

Salez et poivrez la farine, puis passez-y les côtes de porc. Faites-les dorer des deux côtés dans la cocotte. Remettez l'oignon, puis ajoutez le madère et le bouillon. Couvrez et laissez mijoter 30 minutes ; les côtes doivent être cuites.

Disposez-les sur un plat de service chaud. Ajoutez la moutarde à la sauce, dans la cocotte mélangez bien et rectifiez l'assaisonnement. Versez sur les côtes et servez aussitôt.

Pour 4 personnes

Filet de porc aux prunes

2 cuillères à soupe de farine
sel et poivre
500 g de filet de porc coupé en 4 morceaux
50 g de beurre
1 boîte (500 g) de prunes rouges, égouttées et dénoyautées
1 pincée de cannelle
15 cl de vin rouge
persil haché pour décorer

Salez et poivrez la farine, puis passez-y la viande.

Faites fondre le beurre dans une poêle et faites dorer la viande de tous côtés. Mettez-la dans une cocotte.

Écrasez les prunes, pour obtenir une purée grossière. Ajoutez-leur la cannelle et le vin, puis versez le tout sur la viande. Couvrez et faites cuire 30 minutes à four moyen (180°).

Décorez avec du persil et servez chaud.

Pour 4 personnes

Travers de porc à la chinoise

1 kg de travers de porc

5 cuillères à soupe de ketchup

2 cuillères à soupe de miel liquide

3 cuillères à soupe de sauce soja

3 cuillères à soupe de vinaigre de vin

1,5 cuillère à café de concentré de tomates

1 cuillère à café de sel

30 cl de bouillon

POUR DÉCORER :

ciboulette hachée

Posez le travers de porc dans un plat à rôti. Mélangez le ketchup, le miel, la sauce soja, le vinaigre, le concentré de tomates, le sel et le bouillon, puis versez le tout sur la viande. Laissez mariner 2 à 3 heures. Faites cuire 15 minutes au four (220°).

Posez les morceaux de travers de porc sur une grille et faites-les cuire 30 minutes au four (190°) ; il doit être doré et croustillant.

Pendant ce temps, mettez le plat à rôti contenant la sauce à feu doux, portez à ébullition et laissez frémir jusqu'à ce que la sauce ait épaissi.

Disposez la viande sur le plat de service chaud et versez dessus la sauce. Décorez avec la ciboule. Servez avec du riz nature.

Pour 4 personnes

Hochepot aux haricots rouges

25 g de beurre
1 gros oignon haché
2 tranches de lard
  fumé découenné,
  hachées
5 saucisses de
  Francfort coupées
  en dés
1 cuillère à soupe de
  câpres coupées fin
2 boîtes de 400 g de
  haricots rouges
  égouttés
15 cl de bouillon
  léger
sel et poivre
2 cuillères à soupe
  de persil haché

Faites fondre le beurre dans une cocotte et faites revenir doucement l'oignon et le lard. Ajoutez les saucisses de Francfort, les câpres et les haricots rouges. Mélangez bien.

Ajoutez le bouillon. Couvrez et laissez cuire 20 minutes au four (180°).

Rectifiez l'assaisonnement, saupoudrez de persil et servez aussitôt.

Pour 4 personnes

Veau à la tyrolienne

*2 cuillères à soupe
de farine
sel et poivre
4 escalopes de veau
50 g de beurre
1 petit oignon haché
fin
2 cuillères à soupe
de câpres avec
leur jus
20 cl d'eau
5 cuillères à soupe
de crème fraîche
persil haché pour
décorer*

Salez et poivrez la moitié de la farine et passez-y les escalopes.

Dans une poêle, faites revenir doucement les escalopes, 5 minutes de chaque côté, avec la moitié du beurre ; elles doivent être tendres et dorées. Otez-les et mettez-les de côté.

Faites fondre le reste de beurre dans la poêle et faites revenir doucement l'oignon. Versez le reste de farine et laissez cuire 1 à 2 minutes, tout en tournant. Ajoutez les câpres et leur jus, puis l'eau, et laissez cuire jusqu'à ce que la sauce épaississe. Incorporez-lui la crème. Remettez les escalopes dans la poêle et laissez-les réchauffer doucement.

Saupoudrez de persil haché et servez avec du riz nature.

Pour 4 personnes

Veau Stroganoff

4 escalopes de veau
50 g de beurre
1 oignon émincé
125 g de
    champignons de
    Paris émincés
1-2 cuillères à soupe
    de concentré de
    tomates
1 cuillère à soupe de
    farine
15 cl de crème
    fraîche
sel et poivre
1-2 cuillères à soupe
    de jus de citron
feuilles de cresson
    pour décorer

Aplatissez les escalopes, et quand elles sont bien fines, découpez-les en courtes lanières.

Faites revenir l'oignon et les champignons dans une poêle avec la moitié du beurre. Ajoutez le concentré de tomates et la farine. Laissez cuire à feu doux, tout en tournant, 2 à 3 minutes. Otez du feu.

Faites revenir à feu vif le veau dans une autre poêle, avec le reste du beurre. Ajoutez-le à la sauce. Ajoutez la crème, salez, poivrez et versez le jus de citron.

Décorez avec les feuilles de cresson et servez aussitôt avec du riz nature ou des pâtes.

Pour 4 personnes

Croustade à l'agneau

250 g d'agneau cuit
    haché
250 g de jambon
    cuit haché
1 grosse pomme
    épluchée et
    coupée en dés
1 gros oignon haché
sel et poivre
1 cuillère à café de
    romarin haché
20 cl de bouillon de
    poule
20 cl de cidre
200 g de pâte brisée
    décongelée
œuf battu pour
    badigeonner

Placez l'agneau, le jambon, la pomme et l'oignon dans un plat à four très profond et saupoudrez de sel, de poivre et de romarin. Versez dessus le bouillon et le cidre.

Étalez la pâte sur une surface farinée, pour obtenir un cercle d'un diamètre légèrement supérieur à celui du plat. Découpez sur tout le pourtour une bande de 2,5 cm, humidifiez-la et faites-la adhérer sur le bord du plat.

Humidifiez-la à nouveau et faites-y adhérer le cercle de pâte. Pincez les bords. Ouvrez une cheminée au milieu et décorez avec les morceaux de pâte qui restent.

Badigeonnez avec de l'œuf battu et faites cuire 35 minutes au four (190°) ; la pâte doit être cuite et bien dorée.

Pour 4 personnes

Côtes d'agneau épicées

4 gouttes de sauce Tabasco
1/2 cuillère à café de piment de Cayenne
1 cuillère à café de sel
1,5 cuillère à soupe de sucre roux
1,5 cuillère à soupe de sauce Worcester
2 cuillères à soupe de ketchup
1,5 cuillère à soupe de vinaigre
4 cuillères à soupe d'eau

8 côtes d'agneau dégraissées

Mélangez la sauce Tabasco, le piment, le sel et le sucre roux dans un grand plat. Incorporez peu à peu la sauce Worcester, le ketchup, le vinaigre et l'eau. Tournez les côtes dans ce mélange, puis laissez-les mariner dedans 4 heures.

Posez-les sur une grille et badigeonnez-les avec la marinade. Faites-les cuire 5 à 10 minutes sous le gril, en les retournant en cours de cuisson et en les arrosant avec la marinade.

Servez aussitôt, accompagnées de riz ou de pâtes.

Pour 4 personnes

Hachis parmentier à l'anglaise

500 g de bœuf haché
2 oignons hachés
50 g de raisins de
    Smyrne
2 pommes épluchées
    et hachées
2 cuillères à soupe
    de concentré de
    tomates
4 cuillères à soupe
    de bouillon de
    bœuf
sel et poivre
70 g de purée
    instantanée
15 cl de lait
15 cl d'eau
50 g de gruyère râpé
persil pour décorer

Mélangez le bœuf, les oignons, les raisins et les pommes dans une cocotte. Délayez le concentré de tomates avec le bouillon et versez le tout sur la viande. Salez et poivrez.

Couvrez de papier aluminium et faites cuire 30 minutes au four (180°).

Préparez la purée avec le lait et l'eau selon les indications du paquet. Étalez-la sur la viande, saupoudrez de fromage et remettez au four environ 15 minutes ; le fromage doit être fondu et doré.

Décorez avec du persil et servez aussitôt.

Pour 4 personnes

Chili con carne

50 g de beurre
2 gros oignons
    coupés fin
2 gousses d'ail
    écrasées
500 g de bœuf haché
2 cuillères à café de
    chili en poudre
4 cuillères à café de
    cumin moulu
65 g de concentré de
    tomates
2 boîtes de 400 g de
    haricots rouges,
    égouttés
30 cl de bouillon de
    bœuf
sel et poivre
persil haché pour
    décorer

Faites fondre le beurre dans une cocotte
et faites dorer doucement l'oignon et l'ail.
Incorporez le bœuf haché et laissez cuire,
en tournant, 10 minutes.

Mélangez le chili, le cumin, le
concentré de tomates, et incorporez le
tout au bœuf. Ajoutez les haricots, le
bouillon, salez et poivrez.

Couvrez et faites cuire 25 minutes au
four (180°).

Saupoudrez de persil haché et servez
aussitôt avec du riz nature.

Pour 4 personnes
NOTE : si vous ne trouvez pas de chili en
poudre, utilisez 1 cuillère à café de
cayenne.

Foie aux pommes

50 g de beurre
2 grosses pommes
    pelées, évidées et
    coupées en
    rondelles épaisses
500 g de foie de
    veau coupé en
    tranches
4 tranches de lard
    maigre
    découennées

Faites fondre la moitié du beurre dans
une poêle et faites revenir doucement les
pommes. Mettez-les sur un plat et tenez-
les au chaud.

Faites fondre le reste du beurre dans la
poêle et faites revenir doucement le foie
5 minutes de chaque côté ; il doit être
tendre.

Pendant ce temps, faites cuire le lard
sous le gril jusqu'à ce qu'il soit
croustillant.

Disposez le foie sur un plat de service
chaud, posez dessus les tranches de
pommes et autour les tranches de lard.
Servez aussitôt.

Pour 4 personnes

Steaks au poivre

1-2 cuillères à soupe de mignonnette à steak
4 steaks dans le filet
50 g de beurre
2 cuillères à soupe de cognac
25 cl de crème fraiche
sel

Faites adhérer la mignonnette sur les deux côtés des steaks. Laissez-les ainsi 15 minutes.

Faites fondre le beurre dans une poêle et faites cuire les steaks 2 minutes de chaque côté. Posez-les sur un plat de service et tenez-les au chaud.

Ajoutez le cognac dans la poêle et faites flamber. Quand il n'y a plus de flamme, ajoutez la crème et laissez cuire à feu vif 2 minutes, en tournant sans cesse. Salez et nappez-en les steaks, puis servez aussitôt.

Pour 4 personnes

NOTE : vous pouvez aussi utiliser du poivre noir, mais vous devrez d'abord en écraser les grains.

Salade de bœuf

500 g de bœuf cuit, coupé en tranches épaisses
20 cl de crème fraîche
le jus de 1 citron
125 g d'olives noires, dénoyautées et coupées en deux

Coupez les tranches de bœuf en lanières et mettez-les dans une jatte. Mélangez dans un bol la crème et le jus de citron. Ajoutez la moitié des olives dans la jatte et versez dessus la crème.

Ajoutez le reste des olives et servez avec des pommes de terre en robe des champs et une salade.

Pour 4 personnes

Langue froide jardinière

125 g de macédoine
   de légumes
   congelée,
   légèrement cuite
2 oignons au
   vinaigre hachés
2 cornichons hachés
6 olives farcies,
   coupées en
   rondelles
50 g de câpres
   hachées
4 cuillères à soupe
   de vinaigrette
350 g de langue
   cuite, coupée en
   tranches fines
4 œufs durs émincés
persil haché pour
   décorer

Mettez les légumes dans une jatte avec les
oignons, les cornichons, les olives, les
câpres, la vinaigrette. Laissez mariner
4 heures.

   Disposez les tranches de langue sur un
plat de service. Versez au centre les
légumes. Décorez avec les rondelles
d'œufs et le persil. Servez froid.
Pour 4 personnes

Poulet aux épices

4 morceaux de
  poulet
2 cuillères à soupe
  de farine
25 g de beurre
1 oignon haché fin
1 gousse d'ail
  écrasée
1 poivron vert
  épépiné et coupé
  fin
2 cuillères à café de
  curry
1 cuillère à café de
  thym
1 boîte (220 g) de
  tomates pelées
2 cuillères à soupe
  de vin blanc doux
sel et poivre
50 g de raisins secs

Passez les morceaux de poulet dans la farine. Faites fondre le beurre dans une grande poêle et faites dorer le poulet à feu vif. Otez-le de la poêle et mettez-le de côté.

Mettez l'oignon, l'ail, le poivron vert, le curry et le thym dans la poêle, et faites revenir le tout, en tournant, 5 minutes.

Ajoutez les tomates et leur jus, le vin, puis remettez les morceaux de poulet, salez et poivrez. Couvrez et laissez cuire 20 minutes ; le poulet doit être tendre.

Ajoutez les raisins et servez chaud, avec des pommes de terre en robe des champs ou du riz nature.

Pour 4 personnes

Poulet aux amandes

50 g de beurre
50 g d'amandes
    émondées
4 morceaux de
    poulet
sel et poivre
paprika
3 oranges
2 cuillères à café de
    sucre

Faites fondre le beurre dans une cocotte et faites dorer les amandes. Retirez-les avec une écumoire et mettez-les de côté.

Saupoudrez les morceaux de poulet de sel, de poivre et de paprika. Faites-les dorer dans la cocotte. Couvrez et laissez-les cuire 30 minutes ; ils doivent être tendres.

Pendant ce temps, pressez le jus de deux des oranges et découpez la troisième en quartiers, en ôtant la peau et les pépins.

Disposez les morceaux de poulet sur un plat de service et tenez-les au chaud.

Ajoutez le jus et les quartiers d'orange, le sucre, dans la cocotte ; portez rapidement à ébullition et laissez bouillir 2 minutes. Versez sur le poulet et saupoudrez dessus les amandes. Servez aussitôt.

Pour 4 personnes

Poulet à l'ananas

4 morceaux de
   poulet
1 oignon émincé
1 cuillère à café de
   sel
1/4 cuillère à café
   de poivre
1/2 cuillère à café
   de romarin sec
1/2 cuillère à café
   de gingembre
1 pincée de paprika
1 boîte (500 g) de jus
   d'ananas non
   sucré

persil haché pour
   décorer

Mettez les morceaux de poulet dans une
cocotte, saupoudrez dessus l'oignon, le
sel, le poivre, le romarin, le gingembre, le
paprika, et terminez par le jus d'ananas.

Faites cuire 45 minutes au four (180°) ;
le poulet doit être cuit et bien doré. Servez
aussitôt, décoré de persil haché.

Pour 4 personnes

Salade de poulet aux noix

500 g de poulet cuit
  désossé
2 branches de céleri
  coupé
  grossièrement
1 pomme épluchée et
  coupée en dés
50 g de noix hachées
  grossièrement
6 cuillères à soupe
  de mayonnaise
1-2 cuillères à soupe
  de crème fraîche
  (facultatif)
cresson pour
  décorer

Coupez le poulet en morceaux que vous mettrez dans une grande jatte avec le céleri, la pomme et les noix.

Ajoutez de la crème fraîche à la mayonnaise pour la fluidifier, nappez-en le poulet et mélangez jusqu'à ce que tous les ingrédients soient bien enrobés.

Décorez avec des feuilles de cresson et servez.

Pour 4 personnes

Curry de fruits de mer

2 cuillères à soupe
    d'huile d'olive
2 oignons hachés
1/2 poivron rouge
    évidé, épépiné et
    coupé fin
2 branches de céleri
    coupées fin
50 g de
    champignons de
    Paris émincés
2,5 cuillères à soupe
    de curry en
    poudre
1 pomme pelée,
    évidée et coupée
    en dés
250 g de filet
    d'églefin
125 g de crevettes
50 g de raisins secs
1 cuillère à café de
    sauce Worcester
2 cuillères à café de
    concentré de
    tomates
6 cuillères à soupe
    de vin blanc sec

6 cuillères à soupe
    d'eau
sel et poivre
2 cuillères à soupe
    de yaourt nature
le jus de 1/2 citron

Faites chauffer l'huile dans une cocotte et faites revenir doucement, 5 minutes, les oignons, le poivron, le céleri et les champignons. Ajoutez le curry et laissez cuire 2 minutes, tout en tournant.

Ajoutez la pomme, le poisson, les crevettes, les raisins, la sauce Worcester, le concentré de tomates et mélangez bien. Incorporez le vin blanc, l'eau, salez et poivrez. Couvrez et laissez mijoter 10 minutes.

Juste avant de servir, incorporez le yaourt et le jus de citron. Accompagnez de riz nature.

Pour 4 personnes

Haddock en sauce mornay

4 petits filets de
    haddock
45 cl de lait
1 bouquet garni
4 œufs
40 g de beurre
40 g de farine
80 g de gruyère râpé
poivre
persil pour décorer

Mettez le haddock dans une casserole avec le lait et le bouquet garni. Faites-le cuire à feu très doux 10 minutes. A l'aide d'une écumoire, disposez-le sur un plat de service et tenez-le au chaud. Passez le lait et mettez-le de côté.

Faites pocher les œufs à l'eau bouillante, 4 à 5 minutes. Pendant ce temps faites fondre le beurre dans une casserole, ajoutez-lui la farine et laissez cuire 2 minutes tout en tournant. Incorporez peu à peu le lait. Quand la sauce a épaissi, ajoutez les deux tiers du fromage.

Disposez les œufs pochés sur le poisson. Nappez-les de sauce, saupoudrez avec le reste de fromage et poivrez. Passez le plat sous le gril jusqu'à ce qu'il soit bien doré. Décorez avec le persil et servez aussitôt.

Pour 4 personnes

Poisson parmentier

350 g de cabillaud
   ou d'églefin
1 boîte (200 g) de
   petits
   champignons de
   Paris, égouttés
1 boîte (200 g) de
   tomates
125 g de crevettes
1 oignon haché fin
40 g de beurre
40 g de farine
20 cl de lait
15 cl de vin blanc
   sec
70 g de purée
   instantanée
6-7 cuillères à soupe
   d'eau
sel et poivre
25 g de beurre
POUR GARNIR :
rondelles de tomates
persil

Coupez le poisson en gros morceaux et mettez-les dans une cocotte. Couvrez avec les champignons, les tomates, et versez dessus un peu du jus des tomates. Saupoudrez dessus les crevettes.

Dans une poêle faites fondre l'oignon avec le beurre. Ajoutez la farine et, sans cesser de tourner, incorporez petit à petit 10 cl du lait. Laissez cuire à feu doux 5 minutes, en tournant.

Préparez la purée selon les indications du sachet en utilisant l'eau et le reste du lait. Salez et poivrez. Recouvrez le poisson avec la purée et parsemez dessus des petits morceaux de beurre.

Faites cuire 30 minutes dans un four préchauffé à 180° ; la surface doit être dorée. Décorez avec les rondelles de tomates et le persil, et servez aussitôt.

Pour 4 personnes

Truites au four

50 g de beurre
4 truites lavées
1 citron coupé en
   rondelles
5 cuillères à soupe
   de vin blanc sec
1 cuillère à café
   d'estragon sec
sel et poivre
persil pour décorer

Disposez du papier aluminium dans un plat à four, en le laissant suffisamment dépasser pour pouvoir le refermer. Étalez du beurre dessus et disposez-y les truites et les rondelles de citron.

Mélangez le vin, l'estragon, salez, poivrez et versez sur le poisson.

Repliez le papier aluminium en fermant bien les bords. Faites cuire 30 minutes au four (180°).

Disposez les truites sur un plat de service chaud, versez dessus la sauce et décorez avec du persil.

Pour 4 personnes

Gratin au thon

2 boîtes de 200 g de
thon au naturel,
égoutté et émietté
1 boîte (300 g) de
grains de maïs
égouttés
110 g de petits pois
congelés
300 g de consommé
au poulet en boîte
1 boîte (400 g) de
tomates,
égouttées
80 g de gruyère râpé
1 sachet (70 g) de
pommes chips
écrasées

Mélangez le thon, le maïs, les petits pois et le consommé. Mettez le mélange dans une cocotte beurrée et versez dessus les tomates.

Mélangez le fromage et les chips, et saupoudrez-en les tomates. Faites cuire 30 minutes au four (190º) ; le dessus doit être doré.

Servez aussitôt.

Pour 4 personnes

Cabillaud sauce câpres

4 filets de cabillaud
sel et poivre
15 cl de vin blanc
*   sec*
1 / 2 citron coupé en
*   rondelles*
6 cuillères à soupe
*   de mayonnaise*
4 cuillères à soupe
*   de jus de citron*
50 g de câpres
*   hachées*

Disposez le poisson dans une poêle, salez-le et poivrez-le. Ajoutez le vin, les rondelles de citron, couvrez et laissez mijoter 20 minutes.

Ôtez le poisson de la poêle, laissez-le refroidir ; conservez 2 cuillères à soupe du jus de cuisson.

Mélangez la mayonnaise, le jus de citron et le jus de cuisson. Incorporez les câpres.

Disposez le poisson sur un plat de service et versez la sauce dessus.
Pour 4 personnes

Vol-au-vent aux crevettes

1 oignon haché fin
40 g de beurre
40 g de farine
15 cl de lait
15 cl de vin blanc
125 g de petits pois
*   congelés*
1 boîte (400 g) de
*   cœurs*
*   d'artichauts,*
*   égouttés et coupés*
*   en quatre*
350 g de crevettes
*   congelées*
*   décortiquées*
2 cuillères à soupe
*   de crème fraîche*
sel de céleri
poivre blanc
8 fonds de vol-au-
*   vent*
persil pour décorer

Faites fondre l'oignon avec le beurre dans une poêle. Ajoutez la farine et, sans cesser de tourner, incorporez petit à petit le lait, puis le vin blanc. Laissez cuire 5 minutes, en continuant de tourner. Ajoutez les petits pois, les cœurs d'artichauts et les crevettes. Laissez mijoter doucement 4 minutes.

Ajoutez la crème, le sel de céleri et le poivre.

Faites chauffer 5 minutes à four moyen (160°) les fonds de vol-au-vent, puis garnissez-les avec le mélange. Décorez avec le persil et servez aussitôt.

Plie à l'orange

*4 plies, sans la peau,
séparées en filets
le zeste râpé et le jus
de 2 oranges
le jus de 1 citron
sel et poivre
15 cl de mayonnaise*
POUR DÉCORER :
*filets d'anchois
quartiers d'orange*

Versez sur le poisson le zeste et le jus d'une orange, le jus de citron, salez et poivrez. Roulez les filets sur eux-mêmes et posez-les dans un plat à four beurré. Couvrez et laissez cuire 20 minutes au four (180°) ; les filets doivent être juste tendres. Laissez refroidir.

Mélangez le reste de zeste et le jus d'orange à la mayonnaise.

Disposez le poisson sur un plat de service, versez dessus la mayonnaise et décorez avec les filets d'anchois et les quartiers d'orange. Servez froid.

Pour 4 personnes

Salade de saumon

*3 cuillères à soupe
de mayonnaise
6 cuillères à soupe
de jus de citron
2 boîtes de 200 g de
saumon rose
2 pommes épluchées
et coupées en dés
170 g de cacahuètes
salées coupées fin
sel et poivre
1 laitue*

Mélangez la mayonnaise et le jus de citron dans une jatte. Égouttez le saumon et émiettez-le dans la jatte. Ajoutez les pommes, les cacahuètes, salez et poivrez. Mélangez.

Disposez les feuilles de laitue sur un plat de service et posez au centre le saumon.

Pour 4 personnes

Salade de thon

*300 g de thon au
naturel, égoutté et
émietté
1 boîte (400 g) de
fèves égouttées
4 cuillères à soupe
de vinaigrette
câpres hachées pour
décorer*

Mélangez le thon et les fèves dans une jatte. Versez dessus la vinaigrette et mélangez bien.

Disposez la salade sur un plat de service et décorez avec les câpres.

Pour 4 personnes

NOTE : à défaut de fèves en boîte, utilisez des fèves fraîches ou de gros haricots en grains.

LÉGUMES ET SALADES

Épinards au lard

2 cuillères à soupe
   d'huile
4 tranches de lard,
   découennées et
   coupées fin
1 oignon coupé fin
1-2 gousses d'ail
   écrasées
500 g d'épinards
   frais
1 cuillère à soupe de
   jus de citron
sel et poivre

Faites chauffer l'huile dans une grande cocotte et faites revenir doucement le lard, l'oignon et l'ail, 5 minutes.

Ajoutez les feuilles d'épinards, le jus de citron, salez et poivrez. Laissez revenir 3 à 5 minutes, tout en tournant, jusqu'à ce que les épinards soient tendres. Servez aussitôt.

Pour 4 personnes

Céleri aux noix

1 boîte (500 g) de
cœurs de céleri
25 g de beurre
25 g de cerneaux de
noix

Mettez les cœurs de céleri et leur jus dans une casserole à feu doux. Quand ils sont chauds, égouttez-les, posez-les sur un plat de service et tenez-les au chaud.

Faites fondre le beurre dans une petite casserole et faites-y revenir les noix jusqu'à ce qu'elles commencent à dorer. Versez le tout sur le céleri et servez aussitôt.

Pour 4 personnes

Champignons en cocotte

50 g de beurre
500 g d'oignons
  hachés
  grossièrement
500 g de
  champignons
  émincés
10 cl de bouillon
2 cuillères à soupe
  de madère
2 cuillères à soupe
  de jus de citron
sel et poivre
persil haché pour
  décorer

Faites fondre le beurre dans une cocotte et faites revenir doucement 10 minutes les oignons ; ils doivent être transparents. Ajoutez les champignons, le bouillon, le madère, le jus de citron, salez et poivrez.

Couvrez et laissez cuire 15 minutes au four (180°). Servez chaud et décorez de persil.

Pour 4 personnes

Carottes glacées

1 boîte (500 g) de
  petites carottes
25 g de beurre
2 cuillères à café de
  sucre
persil haché fin

Faites chauffer les carottes avec leur jus dans une casserole à feu doux ; égouttez-les.

Faites chauffer le beurre et le sucre dans une poêle ; quand tout est fondu, ajoutez le persil, puis les carottes, et mélangez bien. Disposez dans un plat de service chaud et servez aussitôt.

Pour 4 personnes

NOTE : vous pouvez utiliser des carottes congelées. Avant de les passer dans le beurre, plongez-les 5 à 10 minutes dans de l'eau bouillante salée.

Oignons au four

4 gros oignons ou 8
  moyens, non pelés
sel et poivre
persil haché pour
  décorer

Coupez la queue des oignons, ainsi que leur base afin qu'ils soient stables. Faites sur chacun 4 incisions en croix, du sommet jusqu'au milieu.

Posez-les dans un plat à four et faites-les cuire 30 à 45 minutes (180°) ; le centre doit être tendre.

Otez la peau, salez et poivrez, puis décorez avec du persil haché. Servez chaud.

Pour 4 personnes

Beignets de maïs

1 boîte (300 g) de
   maïs en grains
   égoutté
3 œufs battus
50 g de beurre
   fondu
4 cuillères à soupe
   de gruyère râpé
sel et poivre
huile à friture
cresson pour
   décorer

Mélangez dans une jatte le maïs, les œufs, le beurre, le fromage, du sel et du poivre.

Faites chauffer l'huile de friture ; quand elle atteint 180°, faites-y tomber des cuillères du mélange et laissez frire les beignets environ 4 minutes.

Retirez-les à l'aide d'une écumoire et égouttez-les sur du papier absorbant, puis servez-les aussitôt, décorés de cresson.

Pour 4 personnes

Maïs au four

25 g de farine
2 œufs battus
25 g de beurre
* fondu*
6 cuillères à soupe
* de lait*
sel et poivre
2 boites de 300 g de
* maïs en grains,*
* égoutté*
1 paquet (70 g) de
* chips écrasées*
persil pour décorer

Mettez la farine dans une jatte et
incorporez-lui peu à peu les œufs, le
beurre et le lait, en battant constamment
jusqu'à ce que le mélange soit homogène.
Salez et poivrez, puis incorporez le maïs.

Répartissez ce mélange dans un plat à
four et saupoudrez dessus les chips.

Faites cuire 35 minutes au four (190°) ;
le dessus doit être doré et ferme. Décorez
avec du persil et servez aussitôt.

Pour 4 personnes

Chou braisé au lard

2 tranches de lard,
   découennées et
   hachées
1 petit chou blanc,
   haché
   grossièrement
1 oignon coupé fin
6 cuillères à soupe
   de yaourt nature
6 cuillères à soupe
   de bouillon de
   poule
1 cuillère à café de
   paprika
sel et poivre

Faites revenir le lard dans une poêle
jusqu'à ce qu'il soit croustillant. Mettez-le
dans un plat à four, ajoutez le chou et
l'oignon.

Mélangez le yaourt et le bouillon, salez,
poivrez et ajoutez le paprika. Versez le
tout sur le chou.

Couvrez et faites cuire 40 minutes au
four (180°), en mélangeant à mi-cuisson.

Pour 4 personnes

Choux de Bruxelles aux marrons

125 g de marrons
1 paquet (450 g) de
   choux de
   Bruxelles
   congelés
sel
25 g de beurre

Incisez les marrons et posez-les sur une
plaque à pâtisserie, puis mettez-les
10 minutes au four (180°). Laissez-les un
peu refroidir et épluchez-les.

Plongez les choux 3 à 5 minutes dans
de l'eau bouillante salée.

Pendant ce temps, faites fondre le
beurre dans une cocotte et faites revenir
les marrons 2 minutes à feu vif.

Égouttez les choux et mettez-les sur le
plat de service, ajoutez les marrons et le
beurre, et servez aussitôt.

Pour 4 personnes

Purée gratinée

750 g de pommes de
   terre cuites
   réduites en purée
sel et poivre
noix de muscade
   râpée
50 g de beurre
80 g de gruyère râpé
POUR DÉCORER :
rondelles de tomates
persil

Salez et poivrez la purée, ajoutez la
muscade et incorporez en battant la
moitié du beurre. Étalez la purée dans un
plat à four, saupoudrez dessus le fromage
et le reste de beurre.

Faites cuire 15 minutes au four (180°),
puis passez 3 minutes sous le gril.

Poivrez et décorez avec des rondelles
de tomate et du persil. Servez aussitôt.

Pour 4 personnes

Salade de carottes aux raisins

500 g de carottes râpées
80 g de raisins secs
2 cuillères à soupe de sauce soja
persil haché

Mélangez les carottes et les raisins dans une jatte.

Versez dessus la sauce soja et mélangez bien. Décorez avec du persil haché.

Pour 4 personnes

NOTE : vous pouvez remplacer la moitié des carottes par la même quantité de chou blanc râpé.

Tomates au raifort

4 grosses tomates,
   coupées en
   rondelles
3 cuillères à soupe
   de mayonnaise
1 cuillère à soupe de
   sauce au raifort
1-2 cuillères à soupe
   de crème fraîche
   (facultatif)
persil haché pour
   décorer

Disposez les tomates sur le plat de service.
Mélangez la mayonnaise, la sauce au
raifort et la crème.

   Versez la sauce sur les tomates et
décorez avec le persil.

Pour 4 personnes

Salade verte et blanche

50 g de petits pois décongelés
125 g de chou blanc coupé fin
2 branches de céleri coupées fin
1 petit poivron vert évidé, épépiné et coupé fin
1/2 oignon ou 1/2 poireau coupé fin
125 g de germes de soja
4 cuillères à soupe de vinaigrette

Mélangez tous les ingrédients dans une jatte. Versez dessus la vinaigrette et mélangez bien. Servez aussitôt.

Pour 4 personnes

Chou en salade aux cacahuètes

*1 petit chou blanc
   coupé fin
125 g de cacahuètes
   salées, hachées
2 poivrons rouges
   évidés et hachés
   fin
1 cuillère à soupe de
   sauce soja
2 cuillères à soupe
   de jus de citron
1/2 cuillère à café
   de piment de
   Cayenne
1/2 cuillère à café
   de sel*

Mettez le chou dans une jatte. Mélangez le reste des ingrédients et versez le tout sur le chou. Servez aussitôt.

Pour 4 personnes

Salade d'oranges et de betteraves rouges

2 grosses oranges
4 cuillères à soupe
de vinaigrette
1 gousse d'ail
hachée
500 g de betteraves
rouges coupées en
tranches
feuilles de cresson
pour décorer

Râpez le zeste d'une orange et mélangez-le avec la vinaigrette. Ajoutez l'ail. Pelez et coupez les deux oranges en tranches fines, en enlevant les pépins.

Disposez les tranches d'orange et de betterave en couches alternées sur un plat. Nappez avec la vinaigrette et décorez avec les feuilles. Mettez à glacer avant de servir.

Pour 4 personnes

Salade de dattes et de noix

180 g de dattes
  fraîches
  dénoyautées et
  coupées en deux
3 pommes évidées et
  coupées en
  tranches
50 g de cerneaux de
  noix
3 cuillères à soupe
  de jus de citron
15 cl de yaourt
  nature
sel

Mettez les dattes, les pommes et les noix
dans une jatte.

Mélangez le jus de citron et le yaourt.
Salez. Versez sur les fruits et tournez
jusqu'à ce que tout soit bien couvert de
sauce.
Pour 4 personnes

63

PETITS PLATS
Oeufs à la florentine

750 g d'épinards en branches, décongelés et bien égouttés
50 g de beurre
noix de muscade râpée
sel et poivre
4 œufs
4 cuillères à soupe de gruyère râpé

Faites fondre la moitié du beurre dans une grande cocotte et faites-y revenir les épinards 2 ou 3 minutes avec de la muscade, du sel et du poivre. Versez-les dans un plat à four profond.

Faites quatre creux à la surface des épinards et cassez dans chacun un œuf. Saupoudrez sur chaque œuf du fromage et parsemez de petits morceaux de beurre.

Faites cuire 15 minutes au four (180º) ; quand les œufs sont cuits, poivrez et servez aussitôt.

Pour 4 personnes

Salade d'œufs au curry

15 cl de mayonnaise
4 cuillères à soupe
  de crème fraiche
1 cuillère à café de
  curry
sel et poivre
6 œufs durs coupés
  en quatre
1 laitue
cresson pour
  décorer

Mélangez la mayonnaise, la crème et le curry, salez et poivrez. Tournez délicatement les œufs dans ce mélange.

Disposez les feuilles de laitue sur un plat de service et empilez les œufs et la sauce au centre. Décorez avec le cresson.
Pour 4 personnes

Tranches de pain gratinées

50 g de beurre
30 cl de bière
350 g de gruyère
* râpé*
1,5 cuillère à soupe
* de maïzena*
1,5 cuillère à soupe
* de moutarde de*
* Meaux*
1 cuillère à café de
* sauce Worcester*
sel et poivre
4 tranches de pain
* complet grillées et*
* beurrées*
persil pour décorer

Faites fondre le beurre dans une casserole, ajoutez la moitié de la bière et le fromage : laissez chauffer doucement jusqu'à ce que le fromage soit fondu.

Délayez la maïzena avec le reste de la bière et ajoutez à la casserole. Laissez cuire doucement jusqu'à ce que le mélange épaississe, puis ajoutez la moutarde, la sauce Worcester, salez et poivrez.

Disposez les tranches de pain au fond d'un plat à four et versez dessus le mélange. Passez 3 à 4 minutes sous le gril ; la surface doit être dorée. Décorez avec du persil et servez aussitôt.
Pour 4 personnes.

Nouilles à la crème

500 g de nouilles
sel et poivre
50 g de beurre
1 petit oignon haché
* fin*
1 gousse d'ail
* écrasée*
30 cl de crème
* fraîche*
25 cl de vin blanc
* sec*
2 tomates pelées,
* épépinées et*
* hachées*
2 cuillères à soupe
* de ciboulette*
* hachée*
3 branches de persil
* haché*
4 cuillères à soupe
* de gruyère râpé*

Faites cuire les nouilles à l'eau bouillante salée selon les indications du paquet ; elles doivent être encore croquantes.

Pendant ce temps, faites fondre le beurre dans une petite casserole et faites-y revenir doucement l'oignon et l'ail ; ils doivent être transparents. Ajoutez la crème, le vin, les tomates, et laissez chauffer jusqu'à ébullition. Laissez mijoter 4 minutes.

Égouttez les nouilles, puis mettez-les dans un plat de service chaud. Ajoutez la ciboulette et le persil à la sauce, rectifiez l'assaisonnement, poivrez. Versez la sauce sur les nouilles, saupoudrez de fromage et servez.
Pour 4 personnes

Oeufs gratinés

25 g de beurre
30 cl de lait
3 oignons hachés fin
1 sachet (30 cl) de
  sauce blanche
  instantanée
30 cl de lait
4 œufs durs hachés
  gros
4 cuillères à soupe
  de chapelure

Faites fondre le beurre dans une casserole et faites revenir les oignons. Mettez-les de côté.

Préparez la sauce blanche dans une autre casserole, avec le lait, puis versez-la sur les oignons.

Ajoutez les œufs, puis versez dans un petit plat à gratin, saupoudrez de chapelure.

Passez le plat 3 minutes sous le gril ; il doit être doré.

Pour 4 personnes

Toasts au lard

8 tranches de lard
* découennées*
3 gros œufs
4 cuillères à soupe
* de lait*
sel et poivre
4 tranches épaisses
* de pain*
25 g de saindoux

Faites revenir doucement dans une poêle le lard jusqu'à ce qu'il soit croustillant. Otez-le de la poêle et tenez-le au chaud.

Battez les œufs et le lait, salez et poivrez. Disposez les tranches de pain dans un plat creux et versez le mélange œufs-lait dessus. Laissez imbiber quelques minutes.

Faites fondre le saindoux dans une poêle et à l'aide d'une écumoire transférez-y les tranches de pain pour les faire dorer des deux côtés. Disposez-les sur un plat de service chaud et posez dessus le lard. Servez aussitôt.

Pour 4 personnes

Délicieux au saumon

2 boîtes de 200 g de
    saumon, écrasé
    en purée
250 g de gruyère
    râpé
4 cuillères à soupe
    de yaourt nature
4 cuillères à soupe
    de jus de citron
sel et poivre
paprika
4 œufs battus
4 tranches de pain,
    grillées et
    beurrées
quartiers de citron
    pour servir

Mélangez le saumon et le fromage.
Incorporez le yaourt et le jus de citron.
    Salez, poivrez et ajoutez le paprika.
Battez jusqu'à ce que le mélange soit
homogène, puis incorporez les œufs.
    Mettez le pain grillé dans un plat à four
et répartissez dessus le mélange de
saumon. Passez 10 minutes sous le gril ;
cela doit être bien doré. Disposez autour
les quartiers de citron et servez aussitôt.
Pour 4 personnes

Omelette soufflée au haddock

50 g de beurre
2 filets de haddock,
    cuits et émiettés
5 cuillères à soupe
    de crème fraîche
4 cuillères à soupe
    de gruyère râpé
sel et poivre
6 œufs, blancs et
    jaunes séparés
persil pour décorer

Faites fondre la moitié du beurre dans une casserole, faites-y revenir le haddock, ajoutez la crème, puis la moitié du fromage.

Retirez du feu, salez et poivrez, puis incorporez les jaunes d'œufs. Battez les blancs en neige très ferme et incorporez-les délicatement au mélange.

Faites fondre le reste du beurre dans une poêle ; quand il grésille, versez-y le mélange et laissez cuire doucement 2 à 3 minutes, en ramenant les bords vers le centre.

Disposez l'omelette sur un plat de service chaud, saupoudrez-la avec le reste de fromage et décorez avec du persil ; servez aussitôt.

Pour 4 personnes

Omelette à l'espagnole

1 cuillère à soupe
    d'huile d'olive
1 gousse d'ail
    écrasée
2 oignons coupés en
    rondelles
125 g de maïs en
    grains
1 boîte (100 g) de
    poivrons, égouttés
    et coupés en
    lamelles
1 pomme de terre
    moyenne, cuite à
    l'eau et coupée en
    dés
50 g de petits pois
    décongelés
50 g de chorizo
    haché
8 œufs
sel et poivre

2 cuillères à soupe
    d'eau
25 g de beurre
cresson pour
    décorer

Faites chauffer l'huile dans une poêle et faites-y revenir doucement l'ail et l'oignon, 10 minutes.

Mélangez le maïs, les poivrons, la pomme de terre, les petits pois et le chorizo, puis ajoutez-les dans la poêle.

Battez les œufs avec du sel, du poivre et l'eau. Ajoutez-leur le mélange de légumes.

Faites fondre le beurre dans une poêle ; quand il grésille, versez-y le mélange et faites cuire à feu vif 5 minutes, en ramenant les bords vers le centre.

Disposez l'omelette sur un plat de service chaud, décorez avec du cresson et servez immédiatement.

Pour 4 personnes

Gratin de macaroni

*500 g de macaroni
sel
4 tranches de lard,
    découennées et
    coupées fin
2 oignons coupés fin
50 cl de sauce
    blanche en sachet
50 cl de lait
15 cl de crème
    fraîche
250 g de gruyère
    râpé
1 boîte (400 g) de
    tomates,
    égouttées et
    hachées*
POUR DÉCORER :
*tranches de tomates
persil*

Faites cuire les macaroni à l'eau bouillante salée 12 minutes ; ils doivent être cuits, mais encore fermes.

Faites revenir doucement dans une poêle le lard, ajoutez-lui les oignons et faites-les revenir 5 minutes.

Préparez la sauce blanche avec le lait, ajoutez le lard, puis la moitié de la crème et 200 g du gruyère. Laissez cuire doucement jusqu'à ce que le fromage soit fondu.

Égouttez les macaroni et ajoutez-les à la sauce ainsi que les tomates ; mélangez bien.

Versez le tout dans un plat à four et saupoudrez dessus le reste de fromage. Passez 10 minutes sous le gril ; cela doit être bien doré. Décorez avec les tomates et le persil. Servez aussitôt.

Pour 4 personnes

Galettes au bœuf et à l'oignon

*35 g de purée
instantanée
5 cuillères à soupe
de lait
5 cuillères à soupe
d'eau
200 g de bœuf cuit
haché
1 oignon haché fin
50 g de chapelure
2 cuillères à café de
sauce Worcester
1 cuillère à café de
moutarde
2 œufs battus
sel et poivre
2 cuillères à soupe
d'huile*

Préparez la purée selon les indications du paquet, en utilisant le lait et l'eau.

Émiettez la viande à la fourchette, ajoutez-lui l'oignon, la purée, la chapelure, la sauce Worcester, la moutarde, les œufs. Mélangez bien, salez et poivrez.

Faites chauffer l'huile dans une poêle et versez-y des cuillères à soupe de ce mélange ; laissez cuire 5 minutes de chaque côté jusqu'à ce que chaque galette soit ferme et dorée. Retirez de la poêle et égouttez sur du papier absorbant.

Servez chaud avec une salade verte.

Pour 4 personnes

Croûtes au jambon

1 sachet (30 cl) de
   sauce blanche
   instantanée
30 cl de lait
350 g de
   champignons de
   Paris émincés
125 g de jambon
   cuit coupé en dés
15 cl de yaourt
   nature
4 tranches de pain
   de campagne,
   grillées et
   beurrées
poivre
persil pour décorer

Préparez la sauce blanche avec le lait,
puis ajoutez-lui les champignons et le
jambon. Couvrez et laissez mijoter
5 minutes.

Otez du feu et incorporez le yaourt.
Répartissez ce mélange sur les tranches
de pain et poivrez abondamment.
Décorez avec le persil et servez aussitôt.

Pour 4 personnes

NOTE : vous pouvez également préparer
cette recette avec de la langue cuite, à la
place du jambon.

Feuilletés à l'oignon

25 g de beurre
350 g d'oignons
    hachés
180 g de pommes de
    terre, cuites à
    l'eau et coupées
    en dés
préparation pour
    sauce blanche
    instantanée (30 cl)
30 cl de lait
125 g de gruyère
    râpé
sel et poivre
1 paquet (200 g) de
    pâte feuilletée
    décongelée
œuf battu pour
    glacer

Faites fondre le beurre dans une casserole et faites revenir doucement les oignons 5 minutes. Ajoutez les pommes de terre.

Préparez la sauce blanche avec le lait, ajoutez les légumes, le gruyère, salez et poivrez. Laissez cuire encore 3 minutes.

Étalez la pâte feuilletée sur une surface farinée pour obtenir un carré de 30 cm de côté ; découpez-le en quatre carrés, que vous poserez sur une plaque à pâtisserie.

Répartissez le mélange au centre de chaque carré. Humidifiez les bords avec de l'eau et rabattez-les vers le centre. Faites-les bien adhérer. Badigeonnez les feuilletés avec l'œuf.

Faites-les cuire 15 minutes au four (220°) ; ils doivent être bien levés et bien dorés.

Pour 4 personnes

Fondue à la tomate

50 g de beurre
1 petit oignon haché
    fin
2 gousses d'ail
    écrasées
1 boîte (800 g) de
    tomates
1 pincée d'origan
1 cuillère à café de
    paprika
2 cuillères à café de
    basilic séché
30 cl de vin blanc
    sec
sel et poivre
500 g de gruyère
    râpé
cubes de mie de pain
    pour servir

Faites fondre le beurre dans le caquelon à fondue et faites revenir doucement l'oignon et l'ail.

Égouttez soigneusement les tomates, puis réduisez-les en purée, ajoutez-les dans le caquelon ainsi que l'origan, le paprika, le basilic et le vin. Salez, poivrez et laissez cuire doucement 10 minutes.

Incorporez peu à peu le fromage et laissez cuire à feu doux jusqu'à ce qu'il soit fondu. Rectifiez l'assaisonnement et servez aussitôt. Pour la déguster, plongez-y les cubes de pain.

Pour 4 personnes

Croque-aux-pommes

2 pommes épluchées
    et râpées
125 g de gruyère
    râpé
110 g de petits
    suisses
2 gouttes de sauce
    Tabasco
sel et poivre
8 tranches de pain
    de mie beurrées
50 g de beurre

Mélangez dans une jatte les pommes, le gruyère, les petits suisses et la sauce Tabasco. Salez et poivrez.

Répartissez ce mélange sur quatre tranches de pain et recouvrez avec les quatre autres tranches.

Faites fondre le beurre dans une poêle et faites-y dorer des deux côtés ces croque-aux-pommes. Otez-les quand le fromage est fondu. Servez aussitôt.

Pour 4 personnes.

Croûtes au fromage

*4 tranches de pain
  épaisses
50 g de beurre
1 cuillère à soupe de
  moutarde
200 g de gruyère
  râpé
poivre
2 œufs
2 jaunes d'œufs
15 cl de bouillon de
  poule froid
tranches de tomates
  pour décorer*

Étalez des deux côtés des tranches de pain le beurre et la moutarde.

Disposez-en deux dans un plat à four bien beurré, saupoudrez dessus la moitié du fromage et poivrez. Recouvrez avec les deux autres tranches.

Battez ensemble les œufs, les jaunes d'œufs et le bouillon. Versez sur le pain et saupoudrez le reste de fromage.

Faites cuire 25 à 30 minutes au four (190°), jusqu'à ce que cela soit bien doré.

Décorez avec les tranches de tomates et servez aussitôt.

Pour 4 personnes

Oeufs parmentier

100 g de purée
   instantanée
20 cl de lait
20 cl d'eau
sel et poivre
1/2 oignon coupé fin
2 jaunes d'œufs
2 tranches de
   jambon cuit
   coupé fin
4 œufs
50 g de gruyère râpé
25 g de beurre
cresson pour
   décorer

Préparez la purée selon les indications du paquet en utilisant le lait et l'eau, salez, poivrez, puis ajoutez en battant l'oignon et les jaunes d'œufs.

Étalez la purée dans un plat à four et faites-y 4 creux dans lesquels vous saupoudrerez le jambon et où vous casserez un œuf. Saupoudrez de gruyère râpé et parsemez de petits morceaux de beurre.

Poivrez et faites cuire 20 minutes au four (190°) ; les œufs doivent être pris.

Décorez avec le cresson et servez aussitôt.

Pour 4 personnes

DESERTS

Gâteau aux mûres

150 g de petits
    suisses
150 g de yaourt
    nature
2 gouttes de vanille
    liquide
2 cuillères à soupe
    de miel
2 cuillères à café de
    jus de citron
1 fond de tarte de
    15-18 cm de
    diamètre
125 g de mûres
    décongelées ou
    fraîches

Battez les petits suisses et le yaourt.
Quand le mélange est lisse, ajoutez la
vanille, le miel, le jus de citron et battez
encore.

   Posez le mélange au centre du fond de
tarte et recouvrez-le avec les mûres.
Mettez à glacer avant de servir.

Pour 4 personnes

Salade d'oranges

*4 grosses ou 6
    moyennes
    oranges
50 g de dattes
    fraîches coupées
    grossièrement
25 g d'amandes
    effilées
2 cuillères à soupe
    de sucre en
    poudre
le jus de 2 citrons
cannelle en poudre
    pour décorer*

Pelez et coupez les oranges en tranches, en ôtant les pépins. Disposez-les dans un plat de service avec les dattes et les amandes.

Mélangez le sucre et le jus de citron et versez sur les fruits. Mettez à glacer 2 heures avant de servir.

Saupoudrez de cannelle et accompagnez de crème si vous le désirez.

Pour 4 personnes

Tarte à la compote

1 paquet de pâte
  brisée (200 g)
  décongelée
4 cuillères à soupe
  de chapelure
6 cuillères à soupe
  de compote de
  pommes
le jus de 1/2 citron
1/2 cuillère à café
  de cannelle

Étalez la pâte sur une surface farinée en un cercle de 20 cm et disposez-la sur une plaque à pâtisserie. Pincez les bords et mettez de côté le reste de pâte. Piquez le fond avec une fourchette.

Saupoudrez dessus la moitié de la chapelure et versez dessus la compote. Ajoutez le jus de citron.

Mélangez la cannelle et le reste de chapelure, et saupoudrez-les sur la tarte. Découpez des lanières dans les restes de pâte et disposez-les en croisillons sur la tarte.

Faites cuire 30 minutes au four (190°) ; la pâte doit être croustillante et dorée. Servez chaud ou froid.

Pour 4 personnes

Tarte à l'orange

*1 paquet (200 g) de
pâte brisée
décongelée*

*2 oranges coupées
en tranches fines*

1 œuf battu

*50 g de poudre
d'amandes*

*1 cuillère à soupe de
sucre en poudre*

*2 cuillères à soupe
de miel*

Étalez la pâte sur une surface farinée et garnissez-en un moule de 20 cm de diamètre. Piquez-la à la fourchette. Couvrez de papier aluminium et posez dessus des grains de riz. Faites cuire 15 minutes au four (190°). Retirez le riz et le papier.

Pendant ce temps mettez les oranges dans une casserole, couvrez-les d'eau, couvrez la casserole et laissez mijoter 30 minutes ; la peau doit être tendre. Égouttez-les.

Battez l'œuf, les amandes et le sucre. Étalez ce mélange sur la tarte, puis disposez dessus les tranches d'orange. Étalez enfin le miel et remettez 20 minutes au four.

Servez chaud ou froid.

Pour 4 personnes

Oranges fourrées

2 grosses oranges
1 pomme épluchée et
    hachée
1 cuillère à soupe de
    raisins secs
1 cuillère à soupe de
    dattes hachées
1 cuillère à soupe de
    poudre de
    noisettes
1 cuillère à soupe de
    sucre roux
12 cl de crème
    fraîche
1 cuillère à café de
    sucre glace

Coupez les oranges en deux et ôtez délicatement leur chair, sans abîmer l'écorce. Mettez les écorces de côté.

Coupez la chair en petits morceaux, ôtez les pépins et mélangez-la dans une jatte avec la pomme, les raisins, les dattes, les noisettes et le sucre roux. Répartissez ce mélange dans les écorces.

Fouettez la crème avec le sucre glace et répartissez-la sur les oranges. Mettez à glacer avant de servir.

Pour 4 personnes

Pommes dorées

2 grosses pommes
    pelées, évidées et
    hachées
50 g de sucre roux
50 g de beurre
le jus de 1/2 citron
2 tranches de pain
    rassis, la croûte
    ôtée, coupées en
    cubes
4 cuillères à soupe
    de crème fraîche,
    légèrement
    fouettée

Saupoudrez les pommes avec le sucre roux et mélangez bien.

Faites fondre la moitié du beurre dans une poêle et faites-y revenir rapidement les pommes. Transférez-les sur un plat de service chaud, à l'aide d'une écumoire. Saupoudrez de jus de citron et tenez au chaud.

Faites fondre le reste de beurre dans la poêle et faites-y dorer les cubes de pain.

Ajoutez-les aux pommes et mélangez bien. Servez aussitôt avec la crème fouettée.

Pour 4 personnes

Dessert à l'orange

4 biscuits à la
    cuillère coupés en
    morceaux
2 cuillères à soupe
    de Cointreau
2 oranges
3 cuillères à soupe
    de zeste de citron
le jus de 1 citron
2 blancs d'œufs
4 écorces de citron
    pour décorer

Mettez les biscuits dans 4 coupes
individuelles et versez dessus le
Cointreau.

Pelez les oranges, ôtez les pépins et
coupez-les grossièrement. Répartissez-les
sur les gâteaux.

Mettez le zeste et le jus de citron dans
une jatte. Battez les blancs d'œufs en
neige très ferme et incorporez-les dans la
jatte. Répartissez dans les coupes.

Décorez avec les écorces de citron et
mettez à glacer avant de servir.
Pour 4 personnes.

Mousse au moka

*180 g de chocolat à
croquer, coupé en
morceaux*
*3 cuillères à soupe
de café fort*
*1 cuillère à soupe de
whisky ou de
cognac*
*4 œufs, blancs et
jaunes séparés*
POUR DÉCORER :
*15 cl de crème
fouettée*
*amandes effilées
grillées*

Mettez le chocolat, le café et le whisky, ou
le cognac, au bain-marie, et tournez
jusqu'à ce que le mélange soit lisse. Otez
du feu, laissez refroidir 1 minute.

Ajoutez-lui les jaunes d'œufs. Battez les
blancs en neige très ferme et incorporez-
les délicatement au mélange.

Mettez à glacer, au moins 3 heures
avant de servir. Décorez avec de la crème
fouettée et des amandes.

Pour 4 personnes

Tarte au caramel

25 g de beurre
10 petits beurre
 écrasés
20 cl de lait
20 cl de crème
 fouettée
10 cl de caramel
 liquide
50 g de noisettes
 coupées fin
POUR DÉCORER :
15 cl de crème
 fouettée
noisettes entières

Faites fondre le beurre et incorporez-lui les petits beurres. Pressez ce mélange sur le fond d'un moule à tarte de 15 cm de diamètre.

Incorporez peu à peu le lait et la crème au caramel liquide. Ajoutez les noisettes et répartissez ce mélange sur les biscuits.

Décorez avec la crème fouettée et les noisettes, juste avant de servir.

Pour 4 personnes

Poires au vin rouge

1 boîte (500 g) de
poires, coupées en
deux
30 cl de vin rouge
2 cuillères à café de
cannelle
50 g de dattes
coupées fin

Égouttez les poires et mettez de côté 15 cl
de jus. Mettez-les avec le vin, les 15 cl de
jus de poire et la cannelle, dans une
casserole. Portez à ébullition, puis baissez
le feu, couvrez et laissez mijoter
10 minutes.

    Ajoutez les dattes, ôtez du feu et laissez
refroidir. Servez glacé.

Pour 4 personnes

Bananes au four

50 g de beurre
2 cuillères à soupe
   de sucre roux
2 cuillères à soupe
   de jus de citron
4 bananes
2 cuillères à soupe
   de rhum

Mettez le beurre, le sucre roux et le jus de citron dans une cocotte. Mettez-la quelques minutes à feu doux, jusqu'à ce que le sucre soit fondu.

Coupez les bananes en gros morceaux et disposez-les dans la cocotte, puis tournez-les afin qu'elles soient bien nappées de jus. Ajoutez le rhum, couvrez et remettez au four 30 minutes.

Servez chaud, avec de la crème si vous le souhaitez.

Pour 4 personnes

Gâteau aux poires

*1 gâteau de Savoie
(200 g environ),
coupé en tranches*
*1 boîte (200 g) de
poires en
quartiers*
*6 cuillères à soupe
de rhum*
*30 cl de crème
anglaise froide*
*15 cl de crème
fraîche*
*1-2 cuillères à café
de sucre glace*
*amandes effilées,
grillées, pour
décorer*

Disposez dans une jatte de service la
moitié du gâteau.

Égouttez les poires et mettez de côté
2 cuillères à soupe de jus. Mélangez le
rhum avec ce jus et versez-en la moitié
sur le gâteau. Posez dessus les poires et
couvrez-les avec le reste de gâteau.
Ajoutez le reste de jus.

Répartissez dessus la crème anglaise.
Fouettez la crème avec le sucre glace et
répartissez-la sur la crème anglaise, puis
saupoudrez d'amandes.

Pour 4 personnes

Crème écossaise

3 cuillères à soupe
de marmelade de
gingembre

25 cl de crème
fraîche

3 cuillères à soupe
de sucre en
poudre

2 cuillères à soupe
de whisky

2 cuillères à soupe
de jus de citron

2 blancs d'œufs,
battus en neige
très ferme

sucre roux pour
décorer

Répartissez la marmelade entre 4 coupes.

Fouettez la crème jusqu'à ce qu'elle soit
ferme, puis incorporez-lui le sucre, le
whisky et le jus de citron, tout en
continuant de fouetter. Incorporez au
mélange les blancs d'œufs.

Répartissez ce mélange dans les coupes
et saupoudrez dessus un peu de sucre
roux pour décorer.

Pour 4 personnes

89

Bûche au gingembre

24 biscuits à la
   cuillère
4 cuillères à soupe
   de rhum
45 cl de crème
   fraîche
1,5 cuillère à café de
   gingembre moulu
2 cuillères à soupe
   de sucre glace
morceaux de
   gingembre confit
   pour décorer

Disposez les biscuits dans un plat creux et arrosez-les avec le rhum. Laissez-les complètement s'imbiber.

Fouettez la crème avec le gingembre moulu et le sucre.

Répartissez les deux tiers de la crème entre les biscuits et formez une bûche que vous poserez sur un plat de service et que vous recouvrirez du reste de crème. Décorez avec le gingembre confit.

Pour 4 personnes

Mousse au porto

30 cl de crème
   fraîche
400 g de prunes
   dénoyautées
4 cuillères à soupe
   de porto
50 g de sucre roux
vanille en poudre
noix hachées pour
   décorer

Fouettez la crème jusqu'à ce qu'elle soit ferme. Hachez menu les prunes et incorporez-les à la crème, ainsi que le porto, le sucre roux et une pincée de vanille.

Répartissez ce mélange dans des coupes et mettez à glacer. Décorez avec les noix avant de servir.

Mont-Blanc aux meringues

15 cl de crème
   fraîche
1 boîte (220 g) de
   crème de marrons
2 cuillères à soupe
   de Grand Marnier
8 meringues rondes
amandes effilées,
   grillées, pour
   décorer

Fouettez la crème jusqu'à ce qu'elle soit ferme, puis incorporez-en la moitié dans la purée de marrons avec le Grand Marnier.

Répartissez ce mélange sur les meringues, puis disposez dessus le reste de crème et décorez avec les amandes. Servez aussitôt.

Pour 4 personnes

Meringues spéciales au chocolat

*25 g de chocolat à
croquer râpé
4 portions de glace à
la vanille pas trop
dure
8 meringues rondes
4 cuillères à soupe
de crème de
menthe
chocolat râpé pour
décorer
(facultatif)*

Incorporez les morceaux de chocolat
dans la glace et répartissez celle-ci sur les
meringues. Versez dessus la crème et
décorez avec le chocolat râpé. Servez
aussitôt.

Pour 4 personnes

Pêches brésiliennes

1 boîte (200 g) de pêches en tranches égouttées
4 cuillères à soupe de Grand Marnier
75 g de sucre en poudre
2 cuillères à soupe d'eau
75 g d'amandes effilées et grillées
4 portions de glace au café

Répartissez les tranches de pêche dans 4 coupes individuelles, versez dessus la liqueur et mettez-les de côté.

Versez le sucre et l'eau dans une petite casserole, faites chauffer à feu doux, puis laissez bouillir 3 à 4 minutes, pour obtenir un caramel légèrement doré. Incorporez-y aussitôt les amandes et versez sur une plaque huilée. Laissez refroidir, puis cassez ce caramel en morceaux.

Disposez une portion de glace dans chaque coupe et répartissez dessus le caramel. Servez aussitôt.

Pour 4 personnes.

93

INDEX

Asperges gratinées 23
Avocats aux poires 19

Bananes au four 87
Beignets de maïs 54
Bûche au gingembre 90

Cabillaud sauce câpres 46
Carottes glacées 52
Céleri aux noix 51
Champignons en cocotte 52
Chili con carne 33
Chou braisé au lard 57
Chou en salade aux cacahuètes 61
Choux de Bruxelles aux marrons 57
Concombre farci 22
Consommé aux épinards 6
Côtes d'agneau épicées 31
Côtes de porc à la sauce moutarde 24
Crème aux carottes 8
Crème écossaise 89
Croque-aux-pommes 75
Croustade à l'agneau 30
Croûtes au fromage 76
Croûtes au jambon 73
Croûtes aux champignons 12
Curry de fruits de mer 42

Délicieux au saumon 69
Dessert à l'orange 83

Épinards au lard 50

Feuilletés à l'oignon 74
Filet de porc aux prunes 25
Foie aux pommes 34
Fondue à la tomate 74

Galettes au bœuf et à l'oignon 72
Gâteau aux mûres 78
Gâteau aux poires 88
Gratin au thon 45
Gratin de macaroni 71

Hachis parmentier à l'anglaise 32
Haddock en sauce mornay 43
Hochepot aux haricots rouges 27

Langue froide jardinière 37

Maïs au four 55
Meringues spéciales au chocolat 92
Mont-Blanc aux meringues 90
Mousse au moka 84
Mousse au porto 90

Nouilles à la crème 66

Oeufs à la florentine 64
Oeufs farcis 15
Oeufs gratinés 67
Oeufs mimosa 21
Oeufs parmentier 77
Oignons au four 52
Omelette à l'espagnole 70
Omelette soufflée au haddock 70
Oranges fourrées 82

Pâté au poulet et aux noix 16
Pâté de poisson fumé 17
Pêches brésiliennes 93
Plie à l'orange 49
Poires au vin rouge 86
Poisson parmentier 44
Pommes dorées 82
Potage américain 5
Poulet à l'ananas 40
Poulet aux amandes 39
Poulet aux épices 38
Purée gratinée 57

Ramequins aux épinards 15

Salade de bœuf 36
Salade de carottes aux raisins 58
Salade de champignons 15
Salade de cœurs d'artichauts 18
Salade de dattes et de noix 63
Salade de melon 20
Salade de poulet aux noix 41
Salade de saumon 49
Salade de thon 49
Salade d'œufs au curry 65
Salade d'oranges 79
Salade d'oranges et de betterave rouge 62
Salade verte et blanche 60

Soupe à l'oignon et au céleri 11
Soupe glacée à la tomate 8
Soupe glacée au concombre 11
Steaks au poivre 35

Tarte à la compote 80
Tarte à l'orange 81
Tarte au caramel 85
Toasts au lard 68
Tomates au four 13

Tomates au raifort 59
Tranches de pain gratinées 66
Travers de porc à la chinoise 26
Truites au four 44

Veau à la tyrolienne 28
Veau Stroganoff 29
Velouté au jambon 8
Vichyssoise 11
Vol-au-vent aux crevettes 46

Remerciements

Photos de Melvin Grey
Plats préparés par Hilary Foster et Jackie Burrow
Maquette d'Astrid Publishing Consultants Ltd